박서영 저

동성애의 사상적 기반

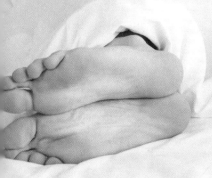

하얀BOOk

인권은 국가의 안보가 보장된 상태에서 보호되는 가
치이다. 그런데 현상황은 국가체제를 위협하고 안
보 질서를 위협하는 위험한 세력들이 득세하고 있다.

　왜곡된 인권을 강조한 자유주의 사상과 유물론에 근거하
여 무신론을 추종하는 사회주의 사상은 동성애자들을 앞세
워 자유민주주의 질서를 흔들 뿐만 아니라 기독교에 대한
반감을 극대화 시키는 전략을 사용하고 있다.

　「동성애의 사상적 기반」은 이 위험한 세력들과 맞서서 싸
울 강력한 전투력이 될 것이며 이들의 전략과 전술로부터
자유민주주의를 수호할 것이다.

　"내가 사망의 음침한 골짜기로 다닐지라도 해를 두려워
하지 않을 것은 주께서 나와 함께 하심이라."(시23:4)

前 육군참모총장 / 前 체육청소년부 장관
前 국회의원 / 現 한반도통일지도자총연합회 총재

이진삼

현 시대는 하나님의 창조목적과 가치 기준에서 벗어나 인생의 목적과 가치를 인간들이 스스로 선택할 뿐 아니라 인권이라는 개념을 최고의 가치로 강조하고 있습니다.

동성애 역시 인권이라는 가면을 쓰고 확산되어가고 있는 오늘날 「동성애의 사상적 기반」은 인간이 추구해야 할 목적과 가치가 무엇인지, 동성애를 막아야 하는 근거는 무엇인지, 동성애의 사상적 기반은 무엇인지를 명확하게 제시해 주고 있습니다.

「동성애의 사상적 기반」을 통하여 하나님의 창조질서와 틀이 바로 세워져 오직 하나님을 영화롭게 하기를 바랍니다.

前 대한예수교장로회 합동총회 증경총회장

前 대한성서공회 이사장

김ㅇㅇ 목사

하나님이 이 세상에 지으신 모든 것을 보시고 표현 하시기를 보시기에 심히 좋았더라고 창세기 1장 31절에서 말씀하셨습니다. 그런데 요한계시록 9장 1절을 보면 하늘에서 별 하나가 이 세상으로 떨어졌다고 기록돼 있습니다.

하늘에서 떨어진 이 별은 곧 사탄이 되어 하나님이 창조 하신 이 세상을 파괴하고 붕괴시키며 흉악스런 방법을 다 동원해 이 세상을 망하게 하려 합니다. 우리 인간의 마음속 에 역사해서 하나님 나라를 파괴하고 평화롭고 아름다운 이 세상을 망하게 하려 합니다.

특히 사탄은 인간 사회를 무너뜨리기 위해 몇 가지 무기 를 사용하는데 종교다원주의, WCC와 인권, 거짓 평화와 동 성애입니다.

특히 더러운 영은 동성애를 통해 인간의 영혼과 정신 건강을 파괴시키고 순결하고 아름다운 성문화, 결혼문화 를 파괴하여 가정을 파괴합니다. 하나님께서 생육하고 번 성하라 하신 말씀을 가로막아서 하나님께서 창조하신 참

아름다운 세상을 파괴시키고 온갖 질병을 유발시켜서 천륜과 인륜이 무너지게 하고 마침내 이 세상을 망하게 합니다.

그런데 더 큰 또 하나의 문제는 이것을 국가나 단체가 막아야 함에도 불구하고 오히려 미화하고 조장하고 확산시키려는 음모를 꾸미고 있다는 점입니다.

그 예로 국회에서는 차별금지법을 입법화해 동성애 반대자를 처벌하려는 국회의원이 있습니다. 국가인권위원회에서는 선한 일도 많이 하지만 인권이란 미명아래 동성애를 옹호 내지 확산하는 길을 터주는 역할을 하고 있는 것입니다.

이러한 때에 바른 복음의 정신을 가진 박서영 법무사가 바쁜 와중에도 이곳 저곳에 사명감을 가지고 뛰어 다니며 강연한 내용을 이렇게 조그마한 책으로 발간하게 된 것을 진심으로 축하합니다.

이 작은 책자가 불씨가 되어 건강한 성생활과 순결한 결혼생활, 하나님 보시기에 참 좋은 가정을 세우는데 불씨가 되길 소망합니다. 그리고 이 나라와 민족, 더 나아가 이 세상이 하나님의 거룩한 뜻을 이루고 하나님께 영광이 되며 우리에게는 큰 기쁨과 축복이 될 것이라 믿습니다.

선한문화창조본부 대표

최 석 우 목사

동성애 문제는 현재, 사회적으로 가장 이슈가 되고 있는 것 중의 하나이다. 그러나 실제로 논의의 중점이 되어야 할 것은 동성애 자체만이 아니다. 그 배후세력이 동성애를 통해 확립시키고자 하는 새로운 질서이다.

현대는 최고의 가치 자리를 '인권'과 '평등'이 차지하고 있다. 자유주의 사상은 시대 사조인 포스트모더니즘에 편승하여 하나님으로부터 독립적인 존재로 서기 위한 수단으로 '인권'과 '평등' 개념을 재정립한다. 유물론과 무신론을 주장하는 막시즘과 네오막시즘은 하나님께서 창조하신 질서와 틀(frame)을 인간 억압과 불평등의 근원으로 간주하면서 창조질서와 틀(frame)을 깨뜨리는 것이 진보이며 '인권'과 '평등'이라고 주장한다.

이들 자유주의 사상과 막시즘, 네오막시즘은 기존에 형성되었던 인권과 평등개념을 왜곡된 인권과 평등개념으로 대체하면서 전세계적으로 새로운 질서를 세워가고 있다. 동성애 합법화도 새로운 질서를 세우는 수단 중 하나이다.

이들은 선악의 기준에 대해 '세계적인 흐름'이 결정하는 것이며, '세계적인 흐름을 따르는 것'이 '선'이라고 주장하고 있다. 더 나아가 차별금지법, 평등법 등을 제정하여 처벌을 해서라도 세계적인 흐름을 따라가도록 강요하며 자유를 억압하고, 왜곡된 인권이 인간을 공격하게 한다. 이 세계적인 흐름을 반대하고 있는 기독교는 반인권적인 혐오스럽고 위험한 종교로 전락하고 있다.

그렇다면 여기서 잠시 반문을 해야 한다. 전세계적으로 형성되고 있는 새로운 질서란 무엇인가? 이 새로운 질서는 궁극적으로 전세계가 무엇을 향해가도록 만들고 있는가?

인간들은 이 새로운 세계의 질서가 인간에게 자유와 번영을 가져다 줄 것이라며 우상으로 섬기고 있다. 그러나 우상은 항상 우리를 배신한다. 결국 새로운 세계의 질서는 인류를 억압과 멸망 속으로 끌고 가는 결과를 낳을 것이다.

하나님의 나라는 현존하는 실재로서 현재 피조세계에 임하여 있다. 그런데 이 하나님 나라를 침범하고 공격하는 악한 문화가 무엇인지 분별할 수 있는 지혜를 이 책은 우리에게 보여줄 것이다.

우리는 현재 임해 있는 하나님 나라를 지키고 확장하기 위해서 악한 문화와 싸워 반드시 승리해야 할 것이며 이를 위해 하나님이 주신 왕권(롬5:17)을 가지고 예수 그리스도 보혈의 피 권세에 의지하여 두려움을 뚫고 나아가야 할 것이다.

2016년 7월
박서영 법무사

01
선한문화창조본부
설립취지

1. '선' 개념의 바른 정립 ··························19

　① '선' 개념에서 하나님을 배제시킴
　② 피조세계에서 하나님을 배제시킴
　③ 인권개념에서 하나님을 배제시킴

2. 문화 명령 수행 ···························23

　① 선한 문화의 발전과 확장
　② 선한 문화의 창조

3. 결론 ··································27

1. 서론 ···································· 30

2. 자유주의 사상과 인권을 강조하는
   시대의 흐름에 편승 ·················· 31

   ① 무연고적 자아 강조
   ② 중립적 태도 강조
   ③ 자율권 강조
   ④ 인권보호에 편승

3. '소수자 인권보호'라는 용어의 숨겨진 의도 ······ 44

   ① 선한 문화를 역이용
   ② '소수자'라는 가면
   ③ '인권보호'라는 가면

4. 포괄적 차별금지법이
   '제정'될 경우의 문제점 ················ 49

   ① 두려움을 조장하여 신앙과 양심에 따른
      표현의 자유 억압
   ② 동성애에 대한 죄책감 제거
   ③ 동성애에 도덕성 부여
   ④ 동성애를 새로운 가치로 격상시켜 동성혼 합법화
   ⑤ 도덕적 행위 기준의 반전
   ⑥ 인류공동의 책임감 약화

5. 논의의 중점을 바로 파악해야 한다. ······ 56

6. 기독교인들의 결단 ·················· 58

   ① 철학사조인가 신앙인가
   ② 회의주의에서 탈피하라

7. 결론 ·································· 60

02

동성애, 소수자인권보호,
차별금지법에 대한 고찰

03

국가인권위원회법
독소조항에 대한 고찰

1. 서론 ………………………………………………… 64

2. 개념의 혼란 조장 ………………………… 65
(절대적 · 결과적 평등개념에 기초하여
평등개념과 인권개념을 왜곡)

3. 가치간의 질서파괴 …………………………… 69
(최상위 가치인 국민 대다수의 천부적 인권을 침해)

4. 기독교에 대한 혐오감 조장 …………………… 72

5. 결론 …………………………………………… 75

1. 서론 ·······························78

2. 네오막시즘 ·····················80

   ① 막시즘의 변이
   ② 휴머니즘적 막시즘
   ③ 프로이드와 막시즘
   ④ 사회상부구조의 사상적 변화

3. 결론 ·······························96

04

네오막시즘과 동성애

1

선한문화창조본부
설립취지

2015년 11월 7일
선한문화창조본부 창립예배

선한문화창조본부 설립취지

날짜: 2015년 11월 07일

장소: 푸른성교회

　선한문화창조본부의 설립취지는 '선'이라는 개념을 바로 정립하여 올바른 창조의 질서를 세우며 '하나님 나라의 문화명령'을 발전시키고 확장시키는 것인 점을 말씀드리고자 합니다.

1. '선' 개념의 바른 정립

① '선' 개념에서 하나님을 배제시킴

첫째는 '선' 개념의 바른 정립이 필요합니다. 선개념 정립에 있어서 고대 희랍철학에서는 '선'이 무엇인가를 탐구하며 '이데아'라는 형이상학을 추구하면서 하나님을 인간의 학문과 문화에서 배제시켰습니다. 동양철학에서 '도'는 무엇인가를 탐구하면서 인간의 학문과 문화에서 하나님을 배제시킨 것과 동일합니다. 그러나 하나님이 바로 '선' 자체이신 것입니다. 하나님의 말씀대로 따르고 거기에 머물러 있음이 '선'입니다. 하나님 말씀에 머물러 있다함은 선악의 결정권이 하나님 자신에게 있다는 것을 인정해 드리는 것입니다[1].

그러므로 '선' 개념 정립에 있어서 하나님을 배제시킬 수 없다 할 것입니다.

---

1) 송정민 저, 「아멘 II」, (영성, 2004), p.157

② 피조세계에서 하나님을 배제시킴

그런데 '선' 개념 정립에 있어서 하나님을 배제시키는 것에 그치지 않고, 피조세계에서 조차도 하나님을 배제시키고 있습니다. 고대 희랍철학에서는 모든 피조세계를 형이하학에 속하는 저급한 존재로 폄하하였고, 이후 철학 사조 역시 이와 동일한 태도를 취했습니다. 근세 임마누엘 칸트는 「순수이성비판」에서 피조세계를 '무질서한 사실들(bruta facta)에 불과한 것'이라고 함으로써 피조세계에 반영되어 있는 하나님의 속성을 부인하면서 기독교의 창조를 근본에서 부인하고 있습니다[2].

그러나 하나님은 모든 피조세계에 하나님의 속성, 특히 선하신 속성이 반영되어 있도록 창조하셨습니다. 문화 역시 하나님의 속성이 반영되도록 창조하셨습니다. 따라서 피조세계에서 하나님을 배제시킬 수 없다 할 것입니다.

---

2) 서철원 저, 「신앙과 학문」, (기독교문서선교회,1988), p.13.

③ 인권개념에서 하나님을 배제시킴

현대에 이르러 최고의 '선' 자리는 '인권'이 차지하고 있으며, '인권개념'에서 조차도 창조주이자 구속주이신 하나님을 배제시키고 있습니다.

성경은 인간을 창조한 목적이 '하나님을 영화롭게 함'과 '영원토록 하나님을 온전히 즐거워 함'이라는 것을 명확히 제시하고 있고[3], 피조물인 인간의 존재목적을 이루어드리기 위해 어떤 인생을 추구하고 살아야 하는 것인지, 어떤 가치를 기준으로 살아야 하는지 '가치 기준'에 대해서 성경은 명확하게 기준과 틀을 제시하고 있습니다.

그러나 현시대의 대표사조인 자유주의는 개인 스스로 독립적으로 선택한 가치만을 인정하므로 가치기준 역시 개인이 독립적으로 선택하고 평가합니다. 그러나 이러한 자유주의의 문제점은 하나님께로부터 독립적인 존재로

---

3) 김의환 편역, 「개혁주의신앙고백집」, (서울 : 생명의말씀사, 1989), p.75.

서고자 한다는 점입니다. 따라서 자유주의는 하나님으로 부터 독립적인 존재로 서기 위해 '인권개념'을 정립한다는 한계가 있습니다.

또한 현시대에 팽배해 있는 막시즘(Marxism)과 네오막시즘(Neo-Marxism)은 절대적 평등, 결과적 평등개념을 강조하면서 과거 그들이 사용했던 '해방'이라는 단어 대신에 '진보'라는 단어와 현재는 놀랍게도 '인권'이라는 단어의 가면을 쓰고 있습니다. 그러나 이들은 유물론을 주장하며 신의 존재를 부정하는 것을 이들의 모든 이론의 전제이자 출발점으로 삼고 있습니다. 막시즘과 네오막시즘은 하나님께서 창조하신 질서와 틀을 인간 억압의 산물로 보고 있습니다. 이들은 인간억압의 산물인 창조질서와 틀을 깨뜨리고 '새로운 질서'를 세우기 위한 수단으로 악용하고자 '인권개념'을 정립하고 있습니다.

그러나 자유지상주의나 막시즘(혹은 네오막시즘)은 모두

인본주의라 할 것입니다. 신본주의가 아닌 인본주의는 결국 각자의 신념이나 선택의 기준이 되는 각 개인의 가치관이 최고의 가치이고 절대선인 것입니다. 이러한 사상은 신본주의인 기독교에 정면배치 됩니다.

인간은 하나님의 피조물에 불과하고 피조물은 하나님이 정해주신 가치에 구속되어야 합니다. 왜냐하면 하나님은 인간을 창조하시되 하나님께 의존적인 존재로 창조했기 때문입니다. 따라서 현시대 최고의 '선' 자리에 있는 '인권' 개념 역시 하나님께 의존적으로 정립되어야 할 것입니다.

2. 문화 명령 수행

1) 선한 문화의 발전과 확장

문화에는 하나님의 지혜와 권능이 반영되도록 창조하셨고, 또한 예수그리스도께서는 자신의 핏값을 통하여 하나님 나라의 문화 역시도 죄와 사단으로부터 구속하셨습니다. 따라서 이 문화 속에 하나님의 지혜와 권능이 부각되도록 '선한 문화'를 발전시키는 것이 바로 하나님의 영광이 되는 것이며, 하나님의 기쁨이 된다 할 것입니다. 이것이 바로 우리에게 주신 하나님의 문화명령, 즉 문화를 선하게 발전시켜 가야 하는 목적이라 할 것입니다.

현재 사회에서 가장 문화적 이슈가 되고 있는 것 중의 하나가 동성애와 차별금지법입니다. 그러나 동성애 뿐 아니라 차별금지법을 통과시키고자 하는 실제 배후세력인 이단, 막시즘, 네오막시즘, 이슬람 세력을 결코 간과해서는 안 될 것입니다. 이들은 입법부를 통하여 법을 제정하여 선과 악의 기준을 반전시키고자 하는 것이며, 궁극적으로 선악의 결정권을 하나님이 아닌 바로 인간이 행사하고자 새로운 질서를 바로 이 피조세계에 세우고자 하는 것입니다.

그러나 하나님의 나라는 현존하는 실재로서 현재 피조세계에 임하여 있습니다. 따라서 현재 임해 있는 하나님 나라

> "
>
> 현재 사회에서 가장 문화적 이슈가
> 되고 있는 것 중의 하나가
> 동성애와 차별금지법입니다.
> 그러나 차별금지법에 있어서 동성애 뿐 아니라
> 차별금지법을 통과시키고자 하는 실제 배후세력인
> 이단, 막시즘, 네오막시즘, 이슬람 세력을
> 결코 간과해서는 안 될 것입니다.
>
> "

를 지키고 확장하기 위해서 하나님이 주신 왕권(롬5:17)을 가지고 예수 그리스도의 보혈의 피 권세에 의지하여 악한 문화와 싸워 선한 문화를 더욱 확장시키고자 합니다.

독일에서 일어난 루터와 칼빈의 종교개혁은 다양하게 변형되어 도미노 현상처럼 종교분야 이외의 다른 분야 개혁운동까지도 촉발시켰습니다[4].

선한문화창조본부 역시 교육과 홍보 그리고 치유를 통해서 의식을 깨우고 사고를 전환시킴으로써 선한 문화를 발전시켜 사회 전반에 하나님의 나라를 확장시키고자 합니다.

2) 선한 문화의 창조

더 나아가 문화명령을 잘 감당하기 위하여 단순히 선한 문화를 지키고 확장시키는 것에 그치는 것이 아니라 선한

---

4) 이재규 저,「역사에서 경영을 만나다」, (사과나무두란노 2008), p.121

문화를 더욱 창조[5)6)]해 나가고자 합니다.

3. 결론

선한문화창조본부는 우리나라의 수많은 여러 단체들과 연대하고, 해외의 여러 단체들과도 네트워크를 형성해서 선한 문화가 바르게 정립되고 악한 문화와 싸워 승리하도록 기도하며 땅 끝까지 복음을 전파하고자 합니다.

---

5) 송정민 저, 「아멘 Ⅰ」,(생명의말씀사 2002), p.15 성경에서는 천지 창조를 어떻게 말하고 있는가? 무한한 영적, 인격적 존재이신 하나님께서 천지를 그의 말씀으로 창조하셨다고 말한다. 이것은 무에서의 창조이시다. 존재자는 하나님 한 분 뿐이었고, 기존 물질이 있어서 그것으로 만물을 조성하여 만든 것이 아니기 때문에 무(無)에서의 창조이다. 그래서 창조에 있어서 기존 물질을 사용하지 않았다는 것을 표시하기 위해서 ברא(bara)(창1:1) 동사 "창조하다"를 사용하셨다. 여기서 히브리어 동사는 창조사역에 있어서 기존 재료를 사용하지 않았다는 것을 의미하고 있다. 그래서 하나님이 무에서 창조하실 때는 ברא(bara)를 사용하셨다. 그 외에 기존 재료를 가지고 창조하실 때는 עשה(asha)(창1:7,11)어근은 "행하다" 7절에 "그대로 되니라" 원어의 풀이는 "그리고 그가 행했다" 11절도 마찬가지이다.

6) 서철원 저, 「신앙과 학문」, (기독교문서선교회,1988), p.43.

2

동성애, 소수자인권보호, 차별금지법에 대한 고찰

2015년 12월 1일
강남 팔레스호텔
선한문화창조부 포럼 발표회
(법무사 박서영, 주대준 박사,
길원평 교수

동성애, 소수자인권보호, 차별금지법에 대한 고찰

날짜: 2015년 12월 01일

주제: 동성애에 관한 포럼

장소: 팔래스호텔

1. 서론

　현재 사회적으로 가장 이슈가 되고 있는 것 중의 하나가 동성애 논쟁이라 할 것입니다. 개인적으로 동성애 논쟁의 중심은 '가치'와 '목적'의 문제라고 보고 있습니다. 자유주의 사상과 인권을 강조하는 시대의 흐름에 편승하고 있는 동성애자들의 전략과 소수자 인권보호, 차별금지법의 각 문제점을 살펴보고, 신앙의 결단을 촉구하고자 합니다.

2. 자유주의 사상과 인권 강조하는 시대 흐름에 편승

① 무연고적 자아

동성애자들은 역사적으로 지속적으로 가치체계를 흔들고 있으며 체계적이고 계획적으로 각 시대에 맞게 변이[1]를 거듭하면서 치밀하게 전략을 펴고 있습니다. 현재는 '가치'와 인간의 '존재 목적'이 무엇인가에 대한 개념이 혼란스러운 시대흐름을 이용하여 자신들의 영역을 확대하고 있습니다.

근세에 '자유'라는 개념이 부각되자 동성애자들은 무연고적 자아를 강조하는 자유주의 사상을 전략으로 선택했습니

---

1) 재레드 다이아몬드 저, 김진준 역, 「총, 균, 쇠」, (문학사상사2009), p.293-p.294.

다. 자유주의는 자신이 처한 상황과 맥락에 앞서서 존재하는 독립적인 자아상을 그려내고 있습니다. 이것을 무연고적 자아(unencumbered self)라고 합니다[2]. 즉, 무연고적 자아란, 자아는 그 어떤 것에 대해서도 생래적으로 연고를 갖고 있지 않다는 것입니다. 따라서 자유롭고 독립적인 자아는 법이나 정부에 얽매이지 않으며, 도덕적으로나 종교적으로도 얽매이지 않으므로 가치에 있어서도 기존에 생성되어 있는 가치 질서에 얽매이지 않고 자아가 스스로 가치를 부여한 것에만 가치를 둔다는 것입니다.

그러나 인간은 하나님의 피조물이므로 자아는 하나님과 연고를 가질 수밖에 없는 것입니다. 결국 인간은 창조주인 하나님과 무연고의 관계를 가질 수가 없습니다. 따라서 무연고적 자아 개념은 극히 반기독교적이라 할 것입니다.

---

2) 마이클 샌델 저, 김선욱외5명 역, 「공동체주의와 공공성」, (철학과현실사, 2008), p.25.

> " "
>
> 근세에 '자유'라는 개념이 부각되자
> 동성애자들은 무연고적 자아를 강조하는
> 자유주의 사상을 전략으로 선택했습니다.
>
> " "

② 중립적 태도 강조

동성애는 가치에 있어서 중립적인 태도를 강조하는 자유주의 사상을 무기로 선택하였습니다. 자유주의 사상은 법과 정부, 타인, 그리고 종교 역시도 개인이 가치결정을 할 때 가치중립적인 태도를 취해야 한다는 것이며, 더 나아가 인간의 가치와 목적을 부각시키기 위해 가치간의 우선순위를 인정하지 않습니다. 이렇게 가치간의 중립적인 태도를 취하는 것이 세련된 지식인이고, 마치 타인의 자유와 권리를 존중해 주는 것인 양 외형을 만들어 왔습니다.

이러한 중립적 태도는 결국 '가치'에 대하여 판단을 하지 않게 하며, '가치' 간의 우선순위를 없애는 결과로 나타납니다. 그 후 과연 무엇이 '가치' 있는 것인가를 정하는 것을 바로 '개인이 선택'하며, 가치 간의 우선순위를 '인간 스스로 창조'하기에 이르렀습니다[3].

---

3) 존 비비어 저, 유정희 역「무엇이 선인가」(두란노2015) p.51 -52

그러나 이것은 창조주의 창조질서와 그 체계인 프레임
(frame)의 변형이며 결국 창조질서의 파괴를 가져오는 것
입니다.

이러한 자유주의 사상은 법적으로는 사생활보호권으로
강조되었습니다. 사생활보호권 개념은 개인이 타인이나 사
회에 속하는 존재가 아니라 자기 자신에게 속하는 존재라는
사실을 구현하는 것입니다[4].

즉, 자유의 중심에는 인간의 존재와 의미, 가치에 관한
개념을 인간 스스로 정의할 수 있는 권리가 존재한다는 것
이며 만일 법이나 종교의 강제 하에 이러한 신념이 형성된
다면 그 신념은 개인의 속성을 정의할 수 없다[5]는 것입니
다. 결국 지극히 개인적인 행동들의 종류와 성질을 선택할

---

4) 마이클샌델 저, 안진환,이수경 역, 「왜도덕인가?」, (한국경제신문,2012), p.104.
   (Blackmun,J.,반대의견)(Thomburgh v. American College of Obstetricians
   & Gynecologists,476 U.S.at 777 n.5인용(Steven 동의의견) (quoting Fried,
   "Correspondence,"6Phil. and Pub.Aff,288-289[1997]인용)

5) Ibid., p.103-104. Planned Parenthood v. Casy, 505 U.S. 833,851(1992)

수 있는 개인의 자유를 보호해야 하므로 동성애 역시 극히 개인적인 사생활로서 보호해야 하는 것으로 귀결됩니다. 이는 개인의 사생활보호권으로서 자율과 선택을 강조하여 각자의 신념에 따라 성적 지향을 선택할 권리를 존중해 줘야 한다는 것입니다. 이러한 선택의 권리에는 "사랑의 대상과 의미, 사랑의 정의와 개념을 스스로 정의내릴 수 있는 권리"가 포함되므로 이성이 아닌 동성을 성행위의 대상으로 선택하고, 동성애에 대한 의미, 동성애에 대한 정의와 개념을 개인이 자율적으로 정의를 내릴 수 있는 권리가 있다는 것입니다.

또한 동성애자들은 자신들의 요구는 위법하거나 불법한 것이 아니며 민주주의가 보장하고 있는 대원칙인 자유와 평등의 이념 아래에서 적법하고 합법적인 요구라고 주장합니다.

이러한 논리의 가장 기초적인 토대가 바로, 정부나 법이 논쟁의 대상이 되는 도덕적, 종교적 문제들에 대해 가치중립적인 입장을 취해야 한다는 자유주의 사상입니다. 즉, 삶의 의미와 가치를 결정하는 것이 무엇인가에 대해서는 사람마다 생각이 다르므로 종교나 정부가 법을 통해 그러한 문제들에 답을 정해 주어서는 안 된다고 주장합니다. 그 대신 삶의 가치는 무엇인가에 대한 각자의 신념에 따라 사람들이 각자의 삶을 살 권리를 지녔음을 존중해 줘야한다는 것입니다. 따라서 법과 정부의 그 어떤 강요도 없는 상태에서 동성애에 대한 가치판단을 개인 스스로 내릴 수 있는 권리를 법적으로 각 개인에게 부여해야 한다고 주장하고 있는 것입니다.

그러나 정부나 법이 종교적 도덕적 가치에 대해 중립을 지키고 아무런 도덕적 종교적 가치를 내세우지 않는다면 동성애 뿐 아니라 어린아이들을 성의 대상으로 하는 소아성애, 동물을 대상으로 하는 동물성애, 그리고 일부다처제 일처다부제도 얼마든지 개인의 '사생활보호권'으로서 보호되어야 한다는 결론에 이르게 됩니다. 동성애 논쟁의 진정한

"

인간은 창조주인 하나님과
무연고의 관계를 가질 수가 없습니다.
따라서 무연고적 자아 개념은
극히 반기독교적이라 할 것입니다.

"

쟁점은 사생활보호권으로서 '선택의 자유'가 아니라 동성애 자체가 보호할 가치가 있는가 하는 가치판단의 문제인 것입니다.

③ 자율권 강조

동성애자들은 생명을 자신의 소유물이라는 생각을 강조합니다. 자율과 선택을 강조하는 자유주의 철학에는 '생명조차도 그 생명을 가진 사람의 소유물'로 여기기 때문에 각자 개인의 의도에 따라 자율적으로 삶을 사는 것을 최선이라 봅니다. 따라서 각 생명의 소유자인 각 개인이 동성애자로서 자율적인 삶을 살 뿐만 아니라 동성애로 인한 질병의 위험, 죽음의 위험을 자율적으로 판단하고 책임진다는 것입니다.

그러나 생명의 소유자는 과연 각 개인입니까? 생명을 각 개인의 소유물로 여기는 것은 "생명은 창조주이자 구속주이신 하나님의 것이며, 인간은 하나님의 피조물"이라는 기독교사상에 정면으로 배치되는 사상입니다.

④ 인권보호에 편승

동성애자들은 다음 무기로 '인권'을 이용하고 있습니다. 현재 '인권'이라는 개념이 부각되자 인권지상주의를 전략으로 선택하고 있는 것입니다. 자유지상주의 결과로 현시대는 정부나 법도 가치에 대하여 중립적 태도를 취하게 되어 결과적으로 가치간의 우선순위가 제거된 상태입니다. 과거 관습적으로 가지고 있던 최고의 가치나 종교적으로 도덕적으로 최고의 가치로 존중받아왔던 가치가 우선순위에서 제거되었으며 이를 기반으로 이제는 최고의 가치 자리에 '인권'이 서게 된 것입니다.

현재는 동성애자들이 이러한 문화의 흐름을 악용하여 '소수자 인권보호'라는 용어를 사용하면서 현시대의 최상의 가치인 '인권'으로서 동성애자를 보호해 달라는 것이며, 이러한 인권 보호 요청은 매우 적법하고 합법적이라고 주장합니다.

언론인협회 잡지

서울지방경찰청 신우회 특강

미국 여론기관 퓨 리서치센터의 39개국 조사에서 "사회가 과연 동성애를 받아들여야 하는가?"라는 질문에 대하여 한국인들의 반응은 2007년 18%에서 2013년 39%로 늘어났으며 더 심각한 것은 18세~29세 젊은 세대의 수용도가 71%에 이르는 것으로 나타났습니다. 이 내용은 한국일보기사입니다.

바로 동성애가 '인권보호'라는 단어를 무기로 사용하자 동성애에 대한 사회적 수용도가 이처럼 폭등하고 있음을 보여주고 있는 자료입니다.

그러나 인권은 인본주의입니다. 신본주의가 아닌 인본주의는 결국 각자의 신념이나 선택의 기준이 되는 각 개인의 가치관이 최고의 가치이고 절대선인 것입니다. 이러한 사상은 신본주의인 기독교에 정면배치 됩니다. 인간은 하나님의 피조물에 불과하고 피조물은 하나님이 정해주신 가치에 구속되어야 합니다. 왜냐하면 하나님은 인간을 창조하시되 하나님께 의존적인 존재로 창조했기 때문입니다. 물론 인간은 하나님의 형상으로 창조되었으므로 그 존재의 중요성은 최고의 가치일 뿐만 아니라 성자하나님께서 생명을 바쳐 구속하실 만큼 소중하고 가치 있는 존재입니다.

그러나 인본주의의 문제점은 하나님을 배제한 채 '인권' 개념을 정립한다는 것입니다. 즉, 이러한 태도는 하나님으로부터 독립적인 존재로 서고자 하는 것이며, 하나님께 의존적인 존재로서가 아닌 독립적 존재로 서기 위해 '인권' 개념을 정립한다면 하나님은 인권개념에서 배제될 수밖에 없습니다. 인권을 최고의 가치로 올려놓는 행위가 창조주이자 구속주이신 하나님을 배제하는 결과를 낳는다면 이것은 '인권'을 하나님보다 더 높은 가치로 올려놓는 것으로서 이 시대의 우상숭배라 할 것입니다.

3. '소수자 인권보호'라는 용어의 숨겨진 의도

동성애자들이 사용하고 있는 '소수자 인권보호'라는 용어에 숨겨진 의도를 살펴보겠습니다.

① 선한 문화를 역이용

우선, 동성애자들의 전략 중 놀라운 것은 기독교인들에 대한 전략입니다.

동성애자들은 '소수자 인권보호'라는 용어를 사용하면서 자신이 '소수자'이므로 '소수자'로서의 인권을 보호하라고 요구하고 있습니다. 그렇다면 단순히 '인권보호'가 아닌 '**소ㆍ수ㆍ자** 인권보호'라는 용어를 사용하면 기독교인은 어떤 반응을 할까요?

기독교인들이 늘 익숙해 있던 선한 문화를 역이용 당하는 것입니다. 동성애자들은 스스로를 '소수자'라는 단어로 지칭함으로써 의도적으로 자신은 늘 억눌렸던 자, 사회적으로

> 동성애자들은 '소수자 인권보호'라는
> 용어를 사용하면서 자신이 '소수자'이므로
> '소수자'로서의 인권을
> 보호하라고 요구하고 있습니다.

소외되었던 자, '피해자'로서 보호가 필요한 자의 이미지를 부각시키는 전략입니다. 그런데 문제는 예수님께서 바로 이렇게 소외된 자, 고통과 억눌림에 눌려있던 자를 찾아가셨던 점을 기독교인들이 따르고 싶어하며 또한 이상으로 가지고 있다는 점입니다. 동성애자들 스스로 자신을 '피해자'로 살아온 바로 '소수자'라고 부각시키자 예수님께서 하신 것처럼 약자라는 이유만으로 이들을 보호를 해줘야 하는 것인지 혼란을 겪게 됩니다.

② '소수자'라는 가면

우리는 '소수자'라는 용어에 대해서 먼저 살펴보아야 합니다. 그러나 동성애는 '소수자'라는 단어와는 연관이 없습니다! 연관이 없는데도 '소수자'와 연관을 시키도록 용어를 만들고 유포시키고 있기 때문에 국민들이 오류 속에 빠지고 있다는 점입니다.

'소수자'이냐 아니냐를 먼저 생각하기에 앞서, 우리는 '동성애'가 과연 보호할 만한 가치가 있느냐 없느냐를 생각해야 합니다. 그런데도 '소수자'라는 용어를 가면으로 쓰고 나오고 있는 것입니다. 가면을 벗기면 '동성애'는 동성애일 뿐입니다. 그러므로 '동성애'는 동성애로서 가치판단을 해야 할 것입니다.

'동성애'와 '소수자'라는 용어를 먼저 생각 속에서 분리한 후 '동성애' 자체가 보호할 만한 '가치'가 있는 것인가를 판단해야 합니다.

그렇다면 '동성애'와 '소수자'라는 단어를 분리한 후 '소수자'라고 다 보호를 해야 합니까? '소수자'니까 더 보호해야 하고 '다수자'니까 양보해야 한다는 것도 아닙니다. "소수자냐! 다수자냐!" 이러한 숫자의 개념이 논의의 중심이 아닙니다.

예를 들어, 어린아이들을 성의 대상으로 하는 소아성애자들도 '소수자'이므로 자신들의 선택의 자유를 더 보호해야 한다고 주장하면 어린아이들을 성의 대상으로 할 수 있도록 소아성애를 표현하고 추구할 수 있는 사회를 적극적으로 '다수자'가 만들어 주어야 할 뿐 아니라 협조지 않는 시민들은 처벌해야 한다는 논리가 되어버립니다.

그러나 우리는 소아성애가 과연 사회적 보호를 받을만한 '소수자'인가를 먼저 생각하는 것처럼 동성애도 보호해야 할만한 가치가 있는 것인가를 먼저 판단해야 할 것입니다.

③ '인권보호'라는 가면

현대사회는 최고의 가치 자리에 '인권'이 자리하고 있습니다. 동성애자들은 이점을 악용해서 **'인권보호'**라는 용어를 사용하면서 동성애자들의 개인적인 성적지향을 '인권'으로서 존중하라고 주장하고 있습니다. 즉, '인권'이라는 단어를 강조해 '동성애자들의 인권 보호'를 최상의 가치 자리에 올려놓고자 하는 시도입니다.

그러나 이러한 시도는 인본주의라 할 것입니다. 인권은

인본주의입니다. 신본주의가 아닌 인본주의를 따르면서 인
권을 가치 중 최고의 가치로 올려놓는 행위가 창조주이자
구속주이신 하나님보다 우선시 하는 결과를 낳는다면 이는
인권을 하나님보다 더 높은 최고의 가치로 삼고 있는 것입
니다. 따라서 '인권'은 이 시대의 우상숭배라 다시 한 번 강
조하고 싶습니다. 결국 동성애자들이 무기로 삼고 있는 '인
권'은 진리에서 이탈된 것입니다.

4. 포괄적 차별금지법이 '제정' 될 경우의 문제점

최근 동성애자들은 자신의 권리 보호를 소극적으로 요구
하는 것에 머물지 않고, 소수자 인권보호라는 명목으로 적
극적으로 포괄적 차별금지법 제정, 즉 법률 제정까지도 요
구하고 있습니다. 과거 동성애자들은 사생활보호권이라는
소극적 · 방어적 권리만을 주장하였으나 시간이 흐르며 이
에 머물지 않고, 적극적으로 선택의 자유, 자율권으로서 자

신의 권리를 보호해 달라고 발전시켰으며 현재는 헌법상 행복추구권을 근거로 차별금지법 제정까지도 요구하고 있습니다. 또 동성애를 반대하는 의사표현을 하거나 반대행위를 한 것만으로도 광범위하게 처벌할 것을 요구하며 공격적 전략으로 발전시키고 있습니다.

그럼 동성애자들이 포괄적 차별금지법을 법률로서 제정하고자 하는 궁극적인 목적이 무엇인지 살펴보겠습니다.

① 두려움을 조장하여 신앙과 양심에 따른 표현의 자유를 억압

포괄적 차별금지법의 개념을 우리 국민들이 제대로 알지 못하고 있습니다. 개념을 제대로 알지 못하기 때문에 막연한 두려움이 생기고 있으며 또한 문제는 이 막연함 때문에 이미 두려움이 조장되고 있다는 점입니다. 막연한 두려움을 조장하여 기독교인들이나 일반 국민이 자신의 양심의 자유, 신앙의 자유에 근거한 발언을 하지 못하도록 만들려는 의도입니다. 결국, 기독교인들이나 일반 국민들에게 처벌에 대한 두려움을 조장시켜 신앙과 양심에 따른 의사표현과 행동을 하지 못하도록 막는 것입니다.

② 동성애에 대한 죄책감 제거

동성애자들의 도덕적 죄책감을 없앨 수 있으며, 동성애자들의 종교적 죄책감마저도 없앨 수 있습니다. 법을 제정해서 보호까지 하게 된다면 동성애는 적법행위로서 공인되므로 동성애는 위법성을 지니지 않은 적법한 행위가 됩니다. 적법한 행위이므로 위법성을 띄지 않습니다. 따라서 일반 시민이나 기독교인들에게도 동성애에 대한 죄책감을 없앨 수 있게 됩니다.

③ 동성애에 도덕성 부여

동성애자들은 법이라는 도구를 사용하여 동성애에 도덕성을 부여하고자 하는 것입니다. 동성애를 보호하는 것으로 법을 제정하였다는 것은 동성애는 법적으로 보호할 만한 도덕성을 내포하고 있다는 의미가 되는 것입니다. 왜냐하면 법은 항상 도덕성이라는 개념에 기초하며[6], 도덕성의 표현 이기 때문입니다.

④ 동성애를 새로운 가치로 격상시켜 동성혼 합법화

법제정을 통해 동성애를 격상시켜 새로운 가치를 부여하고자 하는 것입니다. 법은 가치 형성의 역할을 하며 형성된 가치를 보호하는 역할을 하기 때문입니다. 따라서 동성애는 보호되어야 할 가치로서 격상되는 것입니다. 또한 이 새로운 가치를 기반으로 동성간 결혼 역시 합법화의 급물살을 타게 될 것은 자명합니다.

⑤ 도덕적 행위 기준의 반전

동성애를 반대하는 것이 오히려 비도덕적인 행위라는 것을 입증하는 수단으로 '법'을 사용하고자 하는 것입니다. 법

---

6) 마이클샌델 저, 안진환.이수경 역, 「왜 도덕인가?」, (한국경제신문,2012), p.104.

은 사회의 도덕성 판단 기준입니다. 즉, 동성애자들은 법제정을 통해서 동성애를 반대하는 개인이나 특히 기독교가 오히려 반도덕적 행위를 자행하는 것으로 규정하고자 하는 것입니다. 동성애를 반대하는 의사를 표현할 경우 처벌을 한다는 규정을 둔다는 것은 극히 도덕적인 행위인 동성애를 반대한 것이므로 동성애 반대의사는 곧 반도덕적인 행위라는 것입니다. 따라서 동성애를 반대하는 이들에 대하여 국가와 법은 도덕성을 지키기 위해서 형벌권을 집행할 의무를 지게 됩니다.

결국 도덕적 행위냐, 반도덕적 행위냐를 판단하는 기준이 반전되는 것입니다. 특히 기독교인들은 도덕에 반하는 행위를 자행하는 사람들로 낙인되는 것입니다. 그러나 이러한 문화는 결코 선한 문화라 할 수 없습니다.

⑥ 인류공동의 책임감 약화

왜곡된 인권개념에 근거하여 만들어진 차별금지법은 인

류공동체의 미래를 파괴하며 인류를 유지해 가야하는 공동의 책임감을 약화시키는 결과를 낳습니다.

전 총신대학원 조직신학 교수인 서철원 박사는 "하나님은 창조섭리와 질서로 만물이 하나님을 영화롭게 하시길 원하시며, 문화명령의 내용 중 하나가 생육하고 번성하는 것으로서 자연 질서와 체계를 세워가는 것이라고 말씀하십니다. 따라서, 동성애는 하나님의 창조 질서를 파괴하고 더 나아가 인류를 멸망하게 하는 인류를 향한 범죄행위"라고 말씀하셨습니다.

우리 기독교인들은 동성애자들을 위해서 기도해야 합니다. 동성애자들도 하나님의 형상으로 지음 받았기 때문입니다. 그러나 우리 기독교인들은 선지자의 신분을 가지고 있으므로 죄는 죄라고 말을 해야 합니다[7].

---

7) 존 비비어 저, 유정희 역, 「무엇이 선인가」(두란노2015) p.251-252

우리 기독교인들이 동성애에 대해서 입을 다물고 동성
애에 대해서 죄라고 선포하지 않을 경우, 이 또한 동성애를
조장하는 것이라고 할 수 있습니다. 기독교인들의 침묵에
대하여 하나님께서는 뭐라고 하실까요? 구약 에스겔 3장
17-21절에서 그 악인은 그 죄악 중에서 죽으려니와 내가 그
피 값을 네 손에서 찾을 것이라고 하나님은 말씀하고 계십
니다. 신약 사도행전 20장 26~27절에서도 동일하게 말씀
하고 계십니다.[8]

**우리는 사람을 두려워할 것이 아니라 하나님을 두려워해
야 합니다.**

----

8) 구약 겔3:17-21 인자야 내가 너를 이스라엘 족속의 파숫군으로 세웠으니 너는
내입의 말을 듣고 나를 대신하여 그들을 깨우치라. 가령 내가 악인에게 말하기
를 너는 꼭 죽으리라 할 때에 네가 깨우치지 아니하거나 말로 악인에게 일러서
그 악한 길을 떠나 생명을 구원케 하지 아니하면 그 악인은 그 죄악 중에서 죽
으려니와 내가 그 피 값을 네 손에서 찾을 것이고, 네가 악인을 깨우치되 그가
그 악한 마음과 악한 행위에서 돌이키지 아니하면 그는 그 죄악 중에서 죽으려
니와 너는 네 생명을 보존하리라.
신약 행 20:26-27 그러므로 오늘 너희에게 증거하노니 모든 사람의 피에 대하
여 내가 깨끗하니 이는 내가 꺼리지 않고 하나님의 뜻을 다 너희에게 전하였음
이니라.

5. 논의의 중점을 바로 파악해야 한다.

동성애를 보호해야 하는 법적 근거가 무엇인가 하는 질문에 대해 일반적으로 헌법상 행복추구권이라고 답할 가능성이 높습니다. 그러나 이것은 잘못된 대답입니다. 만약, 그 대답이 맞는 답이라면 소아성애자들이나 일처다부제, 일부다처제 등을 주장하는 이들도 헌법상 행복추구권을 근거로 법적으로 보호를 해줘야 할 것입니다.

여기서 우리는 논의의 중점을 바로 파악해야 합니다. 논의의 중점은 행복추구권을 인정할 것이냐가 아니라 동성애가 헌법상 보호할 만한 '가치'를 가지는가가 되어야 합니다.

행복추구권이 헌법상 기본권이기는 하나 이 또한 개인의 행동이 과연 타당한지, 의사결정 이유가 과연 타당한지, 합리적 근거가 타당한지 검증하는 여러 가지 기준들 중의 하나에 불과합니다.

동성애를 합법화하는 것에 대하여 도덕적 불쾌감을 느끼고 계십니까? 도덕적 불쾌감을 느끼신다면 이것은 법적인 문제와는 별개로 '어떤 다른 문제'가 있다는 것입니다. 이는 동성애 합법화를 우려하는 '어떤 다른 이유'가 존재하고 있다는 것을 보여주는 것입니다. 그것이 바로 '**가치**'라고 할 것입니다. 즉, "동성애가 과연 보호받을 만한 가치가 있는 것인가?" 이 질문이 논의의 중점이 되어야 합니다. 따라서 "동성애가 과연 보호받을 만한 가치가 있는가?"가 선결문제로서 해결되지 않은 상태에서는 행복추구권을 논할 수 없다 할 것입니다.

논의의 중점이 되어야 할 것은 무연고적 자아로서 한 개인이 선택한 성적지향을 인정할 것인가도 아니며 소수자로서 인권보호를 해야 하는가도 아닙니다. 헌법상 행복추구권을 인정해야 하느냐도 아닙니다. 바로 '가치'가 무엇이냐 즉, "동성애가 보호할 가치가 있느냐"가 선결문제로서 논의의 중점이 되어야 할 것입니다.

6. 기도교인들의 결단

① 철학사조인가 신앙인가

그런데 문제는 기독교인조차도 가치의 우선순위를 인정하지 않으려는 이 세대의 철학 사조와 풍조에 물들어 있다는 점입니다. 바로 무연고적 자아를 강조하는 자유주의 사상에 물들어 있다는 점입니다.

기독교에서는 인간을 창조한 목적을 명확히 제시하고 있고 인간이 어떤 인생을 추구하고 살아야 하는 것인지, 어떤 가치를 추구하고 살아야 하는지 그 '가치'에 대해서 우선순위를 정해주고 있을 뿐 아니라 지향하여야 하는 '가치' 역시 제시하고 있습니다[9].

그러나 자유주의는 기존에 존재하는 그 어떤 가치나 목적에도 구속되지 아니하며 개인 스스로 선택한 가치만을 인정

---

9) 김혜숙, 남정숙 저, 「웨스터민스터신앙고백」, (생명의말씀사, 1983), p.189.

하며 가치의 우선순위도 개인이 스스로 선택하는 것입니다.

현 세대의 철학사조인 인생의 목적과 가치는 스스로 선택한다는 자유주의 사상을 따를 것인지 기독교에서 제시하고 있는 인생의 목적과 가치를 이미 하나님께서 성경에 제시해 주고 계시다는 신앙을 따를 것인지 이것은 '선택의 자유' 문제가 아니라 '신앙의 결단' 문제인 것입니다. 결국 기독교인들은 자유주의사상을 따를 것인지 신앙을 따를 것인지 신앙의 결단을 해야 하는 것입니다.

② 회의주의에서 탈피

기독교인들이 회의주의에 물들어 있다는 문제가 있습니다. 기독교인들이 자신도 모르게 어떤 논쟁과 그리고 다툼을 피하기 위해 자신도 모르게 중립적인 가치관을 받아들이고 있습니다.

그러나 이러한 회의주의에 빠져있다면 문화적 논쟁에서 물러나게 되며 논쟁을 피하게 되고, 논쟁을 피하다 보면, 지켜야 할 중요한 가치를 지키지 못하게 됩니다.

우리 기독교인들은 이런 회의주의에서 빠져나와 지켜야할 중요한 가치를 지키기 위해 이제 논쟁을 시작해야 합니다!

7. 결론

동성애에 대하여 "이는 세계적인 추세이므로 이를 막는 것은 의미가 없다"고 보거나 "동성애는 하나님의 세계사 흐름에 있어서 당연히 말세에 나타는 징조이므로 이를 막는 것은 오히려 하나님 나라의 도래를 방해하는 것"으로 보는 등 소극적이고 운명론적인 태도로 동성애를 묵인하고 방관하는 기독교인들을 볼 수 있습니다.

그러나 하나님의 나라는 현존하는 실재로서 현재 임하여 있습니다. 따라서 현재 임해 있는 하나님 나라를 지키고 확장하기 위해 선한 문화를 지키고, 더 나아가 더욱 확장시켜야 할 것입니다. 이를 위해서는 바로, '가치'의 개념을 바르게 정립해야 할 것이며, '가치'의 우선순위 결정에 있어서 반드시 창조주이시고 구속주이신 하나님께 의존되어야 할 것입니다.

3

국가인권위원회법
독소조항에 대한 고찰

국가인권위원회법 「성적지향 차별
일시 : 2016년 1월 26일(화) 오후 2시   장소 : 국회의원회관 제1

2016년 1월 26일
국회의원회관에서 동성애
반대 포럼

국가인권위원회법
독소조항에 대한 고찰

날짜: 2016년 01월 26일

주제: 국가인권위원회법 「성적 지향 차별금지조항」의

폐해 및 삭제 개정의 필요성

장소: 국회 제1소회의실

1. 서론

차별금지법의 독소조항이 국회를 통과하지 못했다고 생각하고 계십니까? 그렇지 않습니다. 기독교인들이 그토록 막고자 했던 차별금지법의 독소조항은 이미 2001년도 부터 국가기관인 입법부를 통하여 법으로 제정되어 있습니다. 그

법이 바로 '국가인권위원회법'입니다. 현재 국가인권위원회법 제2조 제3호는 '성적 지향'에 의한 차별금지를 규정하고 있습니다.

막시즘(Marxism), 네오막시즘(Neo-Marxism)을 사상적 배경으로 하고 있는 국가인권위원회법 제2조 제3호의 문제점을 살펴보고, 독소조항의 개정 필요성을 알리고자 합니다.

2. 개념의 혼란 조장(절대적 · 결과적 평등개념에 기초하여 평등개념과 인권개념 왜곡)

국가인권위원회법 제2조 제3호에 이미 규정되어 있는 '성적 지향'이란, 동성애자를 포함한 소아성애자, 수간자, 양성애자, 메카노필리아(Mechanophilia, 기계성애자), 네크로필리아(Necrophilia, 시체성애자), 물건성애 등 30여종을 포함하는 규정으로 해석될 수 있습니다. 즉, 이러한 30여종

의 성행위를 모두 국가와 법이 제도적, 법적으로 보호해야
할 의무를 법규정을 통하여 천명하고 있으며, 이를 보호하
지 않는 것은 동법에서 '평등권 침해의 차별행위'라고 규정
하고 있습니다.

그러나 이러한 평등개념은 막시즘(Marxism), 네오막시
즘(Neo-Marxism)에 기초한 절대적 평등 · 결과적 평등개
념을 표현하고 있는 것입니다. 절대적 평등 · 결과적 평등은
그 어떤 **가치판단을 배제**한 채 무조건 차별없이 동등하게
대해야 하며, 어떤 가치판단을 하는 것 자체가 차별이고, 불
평등이며, 억압이라는 평등개념입니다. 따라서 동성애에 대
해서도 그 어떤 가치판단을 해서는 안 되며, 존귀한 인간이
하는 행위이므로 무조건 존중하는 것이 바로 '인권'이고 '평
등'이라는 논리로 귀결됩니다.

막시즘(Marxism)은 이성간 가족제도를 자본주의에서 필
요로 하는 노동력을 재생산하기 위한 자본주의의 억압의 산

물로 간주하여, 이로부터 '해방'을 위해 동성결혼을 인정하였으며, 현재는 동성간 성행위와 동성결혼을 '인권'이라는 새로운 단어를 사용하며, 이를 옹호하고 있습니다.

네오막시즘(Neo-Marxism)은 동성간 성행위를 포함한 모든 종류의 성적 지향을 인정함으로써 모든 사람을 '평등한 존재'로 만들 수 있다고 주장하면서, 동성결혼 뿐 아니라, 결혼의 모든 형태를 '인권'이라는 단어를 사용하여 옹호하고 있습니다.

그러나 그러한 평등개념은 자유민주주의가 추구하는 평등개념 즉, 합리적 차별을 인정하는 상대적 평등, 기회의 평등개념과는 명확하게 구별되는 개념입니다.

막시즘(Marxism), 네오막시즘(Neo-Marxism)이 표면적으로 최고의 가치로 내세우고 있는 '인권'이라는 단어의 가면을 벗기면 기존의 가치체계와 질서를 무너뜨리고, 이들

> **"**
>
> 막시즘(Marxism)은 이성간 가족제도를
> 노동력 확보를 위한 인간소외,
> 자본주의의 억압의 산물로 간주하여,
> 이로부터 '해방'을 위해 동성결혼을 인정하였으며,
> 현재는 동성간 성행위와 동성결혼을 '인권'이라는
> 새로운 단어를 사용하며,
> 이를 옹호하고 있습니다.
>
> **"**

이 추구하는 새로운 세계의 질서를 세우는 수단으로 동 독소조항을 악용하고 있음을 알 수 있습니다. 즉, 인권위원회법 제2조 제3호에서 규정하고 있는 '성적 지향에 의한 차별 금지'는 막시즘(Marxism), 네오막시즘(Neo-Marxism)을 사상적 배경으로 하고 있으며, 자유민주주의가 추구하고 있는 '인권개념', '평등개념'을 막시즘(Marxism), 네오막시즘 (Neo-Marxism)에 근거한 '인권개념', '평등개념'으로 대체하고자, 개념의 혼란을 조장하고 있는 것입니다.

3. 가치간의 질서파괴(최상위 가치인 국민 대다수의 천부적 인권을 침해)

헌법상 천명되고 있는 '인권'이라는 가치에도 우선순위가 있습니다. 즉, 그 어떤 이유로도 침해할 수 없는 최상위에 있는 인권이 있으며 이를 신성불가침의 인권이라고 부릅니다. 이는 선천적으로 타고 나고 천부적으로 타고난 것을 의미합니다. 이에 비교하여 하위에 있는 인권이란 후천적으로 형성되거나 개인이 인위적으로 선택한 것을 의미합니다.

국민대다수가 지향하는 이성애라는 성(性)은 선천적으로 타고난 것이고 천부적으로 타고난 것으로서 인간의 존엄성과 밀접하게 연결되어 있습니다. 따라서 선천적이고 천부적인 이성애라는 성(性)을 존중하는 것은 신성불가침의 천부적 인권을 존중하는 것이며, 최상위 가치를 인정하고 이를 존중하는 것입니다. 그러나 동성간 성행위는 선천적인 것이 아니며, 후천적이며 인위적으로 개인이 선택한 행위에 불과합니다.

더 나아가 동성애자라는 한 개인은 인간으로서 인권은 존중받아야 하나 동성간 성행위가 과연 인권으로서 보호를 받아야 하는 대상이 될 수 있는가, 인간이 선택한 행위라는 이유만으로 존중해야 하는가 이에 대해서는 마땅히 별개의 가치판단을 하여야 할 것입니다.

동성애라는 성행위를 추구하는 것은 타고난 것도 아니며 유전에 의한 것도 아닙니다. 동성애자들이 근거로 내세우고 있는 '동성애는 타고난 것'이라는 과거 학설(1993년 헤머가 사이언스지에 발표한 동성애 유전자 발견했다는 학설)에 대해서는 현재! 동성애는 결코 타고난 것이 아니며 유전도 아니라는 과학적 근거(2005년 무스탄스키와 헤머를 포함한 학자들과 2010년 라마고파란 등이 인간 전체 게놈에서 동성애 유발 유전자 발견하지 못했다고 발표)가 명백하게 제시되고 있습니다.

그럼에도 불구하고 동성애자들은 이미 폐기된 과학 논문과 학설을 근거로 동성애는 타고난 것이며, 생래적인 것이라 주장하면서 천부적 인권으로서 가치를 부여하고자 합니다. 즉, 동성간 성행위를 선천적이고 생래적인 인간의 '성'으로 격상시켜 동성간 성행위를 최고의 인권 자리인 신성불가침의 천부적 인권으로 격상시키고자 시도하고 있는 것입니다.

그러나 동성애는 명백히 후천적인 것이며, 개인이 인위적으로 선택한 행위에 지나지 않는 것입니다. 따라서 동성 간 성행위는 결코 천부적 인권으로 격상될 수 없으며 하위 가치에 머물러야 하는 것에 불과합니다.

이와는 달리 국민 대다수의 이성간 '성'은 타고난 것으로서 선척적이며 생래적인 천부적 인권인 최상위 가치입니다. 따라서 동 독소조항은 최상위 가치인 이성애보다 하위 가치에 불과한 동성애를 더 보호하지 않을 경우 처벌하겠다는 규정이며, 궁극적으로 기존에 형성되어 있는 가치의 우선순위를 파괴하고 가치간의 질서를 무너뜨려 새로운 가치질서를 만드는 수단으로 악용되고 있는 것입니다.

4. 기독교에 대한 혐오감 조장

막시즘(Marxism), 네오막시즘(Neo-Marxism)은 하나님께서 창조하신 질서와 틀(frame)을 인간 억압의 산물로 보아 이 억압에서 해방시키는 것이 바로 '휴머니즘 (Humanism)'이며 '인권'이고 '평등'이라고 주장합니다.

이들은 인간억압의 산물인 창조질서와 틀을 깨뜨리기 위한 수단으로 악용하고자 '인권개념', '평등개념'을 정립하고 있습니다. 이들이 세우고자 하는 '새로운 세계의 질서'는 무신론자들 스스로 창조한 인권개념을 최고의 가치 자리에 올려놓기 위해 하나님을 인권개념에서 배제시키고 있습니다. 그리하여 이들은 신의 존재를 부정하는 것을 모든 이론의 전제이자 출발점으로 삼고 있습니다.

이들은 '인권'이라는 개념을 표면적으로 최고의 가치로 내세워 기독교를 동성애자들의 인권, 즉 '소수자의 인권'을 존중하지 않는 반인권적인 종교로 간주하여 기독교에 대한 반감과 혐오감을 극대화시키는 새로운 질서를 세우고 있습니다. 더나아가 이들은 왜곡된 인권개념, 왜곡된 평등개념을 국회의 입법을 통해서 법제화하여 왜곡된 새로운 질서를 공권력을 통해 세워가고자 합니다.

이러한 법규정이 이미 제정된 서구사회를 볼 때, 새로운 질서를 반대하는 기독교는 사회의 질서를 파괴하는 편협하고 폭력적인 종교로 간주되어 법적으로 마땅히 배척되고 말살되어야 하는 종교로 새로운 질서가 형성되고 있는 것을 볼 수 있습니다.

국가인권위원회는 동 독소조항을 근거로 '인권보도준칙'이라는 것을 만들어서 언론과 방송을 통제하고 있습니다. 즉, 동성애의 폐해와 문제점에 대해서는 절대로 다루지 못하도록 편집을 하도록 압력을 행사하고 있습니다. 또한 국가기관들이 동성간 성행위를 옹호하도록 간섭하고 압력을 행사하고 있습니다.

과거 막시즘은 볼세비키 혁명을 통해 폭력과 군사력으로 자유주의와 교회를 파괴하였고, 현재 네오막시즘은 형이상학인 휴머니즘(Humanism)을 무기로 적법하게 자유주의와 교회를 파괴하고 있는 것입니다.

5. 결론

독소조항은 기존의 국가질서를 해체시키고 하나님이 창조하신 질서와 틀(frame)을 무너뜨리고 새로운 세계의 질서를 세우고자 하는 수단으로 악용되고 있습니다. 따라서 동 독소조항은 마땅히 개정되어야 합니다.

네오막시즘과
동성애

2016년 5월 26일
전국 에스더사모영성대회
특별세미나

네오막시즘과 동성애

날짜: 2016년 05월 26일

주제: 동성애 어떻게 할 것인가

장소: 푸른성교회

1. 서론

네오막시즘(Neo-Marxism)의 관점에서 동성애 문제점을 살펴보겠습니다.

현재 동성애를 성적으로 타락한 문화 중의 하나로 대수롭지 않게 보시거나 소수 일부의 문제라고 보고 계시는 경향

이 있습니다.

또한 기독교인들과 목사님들은 동성애는 당연히 성경에서 죄라고 규정하고 있으므로 더 이상 생각할 필요도 없이 죄인 것이므로 더 이상 대응할 가치가 없다고 결론짓고 아무런 대응을 하지 않습니다. 경건한 신앙생활을 하는 기독교인들의 신앙이나 복음에는 아무런 공격을 할 수 없다고 생각하시기 때문입니다.

그러나 동성애 지지세력은 동성애를 성적인 차원에서 부각시키는 것이 아니라 이 시대의 최대 이슈인 휴머니즘, 즉 '인권', '평등'이라는 단어를 표면적으로 내세워 문제의 중심을 혼란스럽게 만들고 있습니다. 성적 소수자들의 인권보호 차원으로 헌법상 행복추구권 차원으로 논쟁의 중심을 유도하는 전략입니다. 더 나아가 '인권', '평등' 개념도 기존에 알고 있던 개념이 아니라 사회주의 '인권', 사회주의 '평등' 개념으로 대체시키는 전략을 사용합니다.

그런데 가장 큰 문제는 이러한 동성애 지지세력의 배후 사상이 무신론을 주장하는 사회주의 사상인 막시즘(Marxism)과 네오막시즘(Neo-Marxism)이라는 점입니다.

2. 네오막시즘(Neo-Marxism)

① 막시즘(Marxism)의 변이

막시즘(Marxism) 사회주의 사상은 유물론을 추구하며 신의 존재를 부정하는 무신론을 모든 이론의 전제이자 출발점으로 삼고 있습니다. 1917년 볼세비키혁명을 통해 자본주의 체제를 붕괴시켰고, 종교는 인민의 아편이라는 이유로 종교소멸론에 입각하여 군사력을 통해 교회를 폭발시키고, 파괴하였습니다.

그런데 이들은 동성애 억압은 자본주의 가족제도와 밀접한 연관을 지닌다고 주장합니다. 가족제도는 자본주의에서 필요로 하는 노동력을 재생산하기 위한 억압의 산물로 간주합니다. 이들은 어떤 형태의 억압이든 이를 경찰의 폭력과 자본주의적 착취로 결론짓도록 유도합니다. 따라서 자본주의를 타도하기 위해서는 먼저 가족제도를 타도하고, 동성애 억압 등 모든 억압에 대해 투쟁하라! 이러한 투쟁을 노동계급 혁명 중심축으로 조직한다는 논리입니다.[1]

네오막시즘(Neo-Marxism)이란 공산주의가 기계적이고 교조적이며 체제를 유지하는 이데올로기로 전락하면서 시대정신을 이끄는 사상이 되지 못하자 막시즘을 재해석하고 수정하여 등장한 사상입니다.

당시 자유주의 진영에서도 자유주의 하의 전통적 가치구조를 모두 해체하고, 기존의 질서를 모두 부인하는 후기 구조주의 포스트모더니즘이 득세하고 있었습니다. 이에 좌익과 우익에 시대정신을 이끌어 갈 만한 주류 사상이 없는 시점에

---

1) Capitalism & Homophobia (Article in {1917} No.15) 자본주의와 동성애 탄압

"

동성애 지지세력은 동성애를
성적인 차원에서 부각시키는 것이 아니라
이 시대의 최대 이슈인 휴머니즘,
즉 '인권', '평등'이라는 단어를 표면적으로 내세워
문제의 중심을 혼란스럽게 만들고 있습니다.
성적 소수자들의 인권보호 차원으로
헌법상 행복추구권 차원으로
논쟁의 중심을 유도하는 전략입니다.

"

사회주의 무신론자들은 이러한 시대의 흐름과 사상의 변화에 맞추어 정통 막시즘(Marxism)에 변이를 가하여 네오막시즘 (Neo-Marxism)이라는 사상을 만들어 낸 것입니다.

② 휴머니즘적 막시즘[2]

네오막시즘은 기존 막시즘이 시대를 이끄는 사상이 되지 못하자 칼 마르크스의 저서 「경제학 철학 수고」를 근거로 당시대의 최고 이슈였던 휴머니즘을 막시즘에 결합시킨 사상입니다. 다만 사회주의 사상을 내세우는 것이 아니라 휴머니즘을 표면적으로 내세웁니다. 이들이 주장하는 휴머니즘은 바로 인권, 평등, 평화, 나눔, 섬김, 정의, 소수자 인권보호, 공동체 등 그럴싸한 단어를 내세우기 때문에[3], 1968년 프랑스 68혁명을 절정으로 하여 1960년대 중반부터 서구사회를 이끄는 주류사상이 되고 있습니다.

---

2) 손철성, 「허버트 마르쿠제 마르크스와 프로이트를 결합시키다」, (살림, 2005), p.21 참조

3) 2016.02.16. 국민일보 [소강석의 꽃씨 칼럼] 발등에 떨어진 불부터 끄라

그러나 이들은 여전히 유물론! 무신론!을 사상적 기반으로 하고 있습니다.

(1) 이들 무신론자들이 주장하는 **'인권'**은 **하나님께서 창조하신 질서와 틀(frame)이 인간에게 주신 최대의 축복임에도 불구하고 하나님께서 창조하신 질서와 틀(frame)을 인간 억압의 산물**로 보아 이 억압에서 해방시키는 것이 바로 '인권'이라고 주장합니다. 그 후, 왜곡된 인권을 최고의 가치 자리에 올려놓았고, **인권을 권력으로! 우상으로!** 만들고 있습니다. 바로 이 '인권'이 인간을 위협하고, 공격하고 있습니다.

(2) 이들이 주장하는 **'평등'**이란, 합리적 차별을 인정하는 **자유민주주의 평등개념인 상대적 평등, 기회의 평등**이 아닙니다. 이들은 무조건 똑같이 대해야 한다는 **사회주의의 평등개념인 절대적 평등, 결과적 평등**을 주장합니다. 동성간 성행위도 존귀한 인간이 하는 행위이므로 **그것이 아무리 죄**

라고 해도! 일반적인 성행위와 절대적으로 동일하게 존중하라는 것입니다. 어떤 가치판단을 하는 것 자체가 차별이고, 그 가치판단이 종교적 판단이든 신적인 판단이든 가치판단을 하는 것 자체가 차별이고, 불평등이며, 억압이라는 평등개념을 내세웁니다.

(3) 이들이 주장하는 '**나눔**'이란 예를 들어서 불법체류자도, 난민도 내국인들과 똑같이 복지 혜택을 나눠야 한다는 것입니다. 국민은 세금을 내고 의무를 다하고 그에 상응하는 복지를 받는 것이지만 불법체류자, 난민은 그 어떤 의무나 책임은 다하지 않는데도 똑같은 복지를 받아야 하고, 만약 이 혜택을 쟁취하지 못하면 인권변호사에게 달려가라고 가르칩니다. 결국 서구사회가 난민을 '**나눔**', '**인권**'이라는 이유로 무분별하게 받아들여 국고가 탕진되고, 난민들의 폭동으로 치안질서가 파괴되는 위기에 처해 있습니다. 그러나 막시즘은 근본적으로 국가소멸론을 주장하고 있으므로 자본주의 국가가 망하는 것을 전세계가 하나가 되는 **공산주의가 완**

성되는 과정으로 보기 때문에 전혀 문제 삼지 않습니다.

(4) 이들이 주장하는 **'소수자 인권보호'**는 다수자는 무조
건 가해자, 소수자는 무조건 피해자라는 이상한 논리를 펴
면서 소수자는 무조건 억압을 받은 피해자이므로 그 종류를
불문하고 무조건 다수자보다 더 권리를 보호하라는 것입니
다. 동성애자들도 '성적 소수자, 소수자 인권보호'를 하라고
주장합니다.

그러나 이들이 소수자를 강조하는 진정한 이유에 대하여
네오 막시즘의 대표사상가 허버트 마르쿠제는 노동자 계급
은 이미 체제순응적으로 바뀌었기 때문에 더 이상 사회변혁
의 주체가 될 수 없다[4]고 보아 기존 체제에 편입되지 않고
체제 외부에 존재하는 소수자 계층이 새로운 변혁의 주체로
서 반체제적인 혁명적 성격과 기존 체제를 종식시키려는 강

---

4) H. Marcuse, 차인석 옮김, 「1차원적 인간」, (삼성출판사, 1989), p.433-444 참조.

한 욕구를 가지고 있다[5]라고 강조하고 있습니다. 이들은 소수자의 권리를 위해 투쟁하는 소수자운동을 활성화시켜서 이러한 소수자그룹이 서로 '참여하고 연대하여' 즉 참여연대하여 공산주의 혁명의 중심축을 이루라는 네트워크 투쟁이론을 추종합니다. 동성애자들도 소수자 단체를 형성하여 다른 소수자 단체와 연대하여 기존체제를 종식시키는 급진적 변혁의 주체로 내세우는 것입니다.

그러나 소수자들은 하나님의 창조질서와 틀 속에서 인권을 존중받아야 할 대상이지 사회주의 사상을 이루기 위한 수단이 아닌 것입니다.

이들은 과거에 사용했던 '해방'이나 '혁명'이라는 단어 대신에 **'인권'이라는 단어를 가면으로 쓰고 있습니다.** 이들은 막시즘 무신론에 근거하여 하나님을 배제한 채 휴머니즘,

5) 손철성, 「허버트 마르쿠제 마르크스와 프로이트를 결합시키다」, (살림, 2005), p.73

즉 인권, 평등, 평화, 나눔, 소수자 인권보호 등의 개념을 왜곡되게 정립하여 개념의 혼란을 조장하고, 이러한 혼란을 기반으로 그들이 원하는 새로운 질서를 세우는 것입니다.

사탄은 정면으로 기독교를 탄압하는 질서를 만드는 것이 아닙니다. 즉 사탄은 무신론을 배경으로 하고 있는 네오막시즘을 사상적 기반으로 하여 새로운 질서를 하나님의 피조세계에 또다시 세워가고 있는 것입니다.

③ 프로이드와 막시즘

또한 네오막시즘은 정신분석학자이자 열혈공산주의자인 빌헬름 라이히의 「성정치론」을 추종합니다. 급진적 사회변혁의 힘을 확보하기 위해 당 시대의 최고 인기였던 프로이드의 심리학이론을 막시즘에 결합시킨 이론입니다.

네오막시즘의 중심인물인 마르쿠제 역시 그의 책 「에로스와 문명(Eros&Civilization)」에서 "쾌락원칙을 따르는 인간의 본능은 자연스러운 생의 충동–에로스(Eros)에서 출발한다"고 주장하면서 해방은 본능의 보편적 충족에 있으므로[6] 쾌락원칙을 따르는 인간의 성적 본능을 충족시키는 것이 해방이며, 무의식 속의 쾌락 충동이 바로 급진적 사회변혁을 이룰 수 있는 힘의 원천이라고 주장합니다. 그런데 기존 문명체제는 성욕(리비도)을 억압하여 노동에 필요한 정력으로 바꾼다[7]고 보아 쾌락원칙이 완성되는 에로스 사회를 이루기 위해 지식인들이 의식혁명을 통해서 기존 문명체제를 부정하고 모든 억압에 저항해야 한다고 주장합니다.

결국 성적 쾌락이 행복의 근원이므로 성적 억압이 없는 에로스 사회를 이루기 위하여 성매매 합법화, 포르노 합법화, 군대 내 동성애 처벌법 폐지뿐만 아니라, 동성간 성행위, 어린이를 성행위 대상으로 하는 소아성애, 수간, 기계

---

6) H. Marcuse, 김인환 역, 「에로스와 문명」, (나남출판사, 1999), p.62

7) H. Marcuse, 김인환 역, 「에로스와 문명」, (나남출판사, 1999), p.93, p.99

성애, 시체성애 등 30여종 성적 취향을 모두 인정해야 하는 논리로 귀결시킵니다. 사회주의 정치체제인 서유럽의 국가들은 이러한 성정치론을 추종하여 성적 방종을 추구하는 학교 내 성교육과 예술 문화정책을 시행하고 있으며, 미국도 이러한 문화 막시즘, 문화 좌파의 영향을 받게 된 것입니다[8].

인간의 성적 욕망을 충족시켜주는 것이 인권존중이고 다양한 성적 쾌락을 추구하고 극대화하는 것이 인간의 존엄성을 극대화하는 것이며, 선악의 판단 기준이 되야 한다는 것입니다.

결국, 네오막시즘 신좌파는 정치 권력을 쟁취하기 위해서, 프로이드 심리학을 앞세워 성정치론을 주장하자, 폭발적으로 추종자들을 만들어 냈습니다.

---

8) 2015. 03. 06. 동아일보 A21. 헌재가 인정한 〈성적 자기결정권〉은 성매매 합법화의 근거이기도 하다

④ 사회 상부구조의 사상적 변화

과거 칼 마르크스는 '인권'을 위해서 노동자계급투쟁을 통해서 사회 '하부구조'를 변화시키고자 하였습니다. 그런데 네오막시즘은 사회·정치인들의 의식개혁을 통해서 '자본주의 체제 내'에서 사회 '상부구조'를 변화시켜 간다는 것이 큰 문제입니다. 즉, 국민들은 알지 못하는 사이 사회 상부구조인 제도, 법, 정치, 군사, 경찰 등이 모두 위험한 세력들이 추종하는 새로운 세계의 질서로 세워지고 국민들은 따라갈 수밖에 없는 것입니다.

그런데 이러한 네오막시즘은 1960년대 이후 전세계를 강타하였고 세계는 변하기 시작했습니다. 경제종속이론, 남미의 해방신학 등이 20세기 후반에 새로운 가치로 등장했습니다[9].

서구사회가 이러한 사상의 흐름에 대응하지 못하여 결국

---

9) 2013.03.21. 한호일보 [한상대 칼럼] 신마르크스주의

차별금지법이 통과되고 평등법 등이 통과되어 동성애 뿐 아니라 동성결혼을 인정하게 되었습니다. 가정의 개념이 무너졌고 결혼의 개념이 무너졌습니다. 이제는 캐나다에서 소아성애도 정상적인 성적 취향이므로 법적으로 인정하라는 운동이 시작되었으며, 독일에서는 동물매춘과 인간매춘이 동일한 매춘가격으로 병행하여 운영되고 있는 실정입니다. 유럽의 일부국가에서는 합의에 의한 부모 자식간의 성관계도 합법으로 규정하고 있습니다.

UN 반기문 사무총장 역시 "대한민국에서 그리고 세계 곳곳에서 우리 인류가족의 구성원인 LGBT를 비롯한 모든 청소년들을 위해, 학교를 동성애자들에게 더욱 안전한 공간으로 만듭시다"라고 2013.04.30. UNESCO가 발간한 "동성애 혐오성 괴롭힘 없는 학교를 만들기 위한 교육정책" 서문에 적고 있습니다.

이들은 막시즘에 근거하여 자본주의 체제 내부에서 급진

적 사회변혁을 이뤄가고 있으나 이러한 흐름을 반대하는 기독교에 대해서는 '인권'이라는 단어를 내세워 인권을 억압한다고 간주하여 기독교에 대한 혐오감과 반기독교 정서가 팽배해지도록 유도하고 있습니다.

그런데 문제는 교회와 자유주의 진영에서는 이러한 시대의 변화에 대응할 만한 사상적 대응을 하지 못하고 있다는 점입니다. 과거 막시즘이 사상적으로 팽배해져 갈 때, 이를 막지 못하자 혁명과 군사력을 통하여 전세계의 절반이 공산화되었습니다. 현재도 전세계적으로 팽배해져 가는 네오막시즘을 막지 못한다면 또다시 무신론을 추종하는 새로운 공산주의가 전세계를 휩쓸게 될 것이라는 점은 역사의 교훈에서 배울 수 있습니다.

한국에서도, 네오막시즘 신좌파가 군사, 경찰, 교육, 정치 등에서 득세하면서 그 세력을 확장하고 있으며, 군사적 문제, 교육적 문제, 사회 문화적 문제 등을 만들어 내고 있습니다. 그러한 문제들 중 거세게 일어나고 있는 것 중의 하나가 바로 성적인 문제입니다.

한국의 네오막시즘 신좌파는 성매매 합법화, 포르노 합
법화, 동성애 옹호, 군대내 동성간 성행위 처벌 규정 폐지,
차별금지법제정, 파트너쉽법, 생활동반자법 제정, 동성결혼
합법화를 주장합니다.

**박원순 서울시장 역시 참여연대출신으로 "한국이 아시아
국가 중에서 동성 결혼을 합법화 하는 첫 번째 국가가 되길
바란다"고 언급했습니다[10].**

---

10) 「The San Francisco Examiner」의 2014년 10월 12일자 기사 "Seoul Mayor
Park Won-soon wants same-sex marriage in Korea as first in Asia". 에서 박
시장은 "개인적으로 동성애자의 권리를 옹호한다"며 "현재 한국법은 동성 결혼
을 인정하지 않고 있지만 이미 많은 동성 커플들이 함께 살고 있고, 국민 모두
행복추구권을 보장받는 만큼 한국 헌법도 동성끼리 결혼할 권리를 보장한다고
생각한다"고 말했다. 이어 박 시장은 "개인적으로 동성애자들의 권리를 존중하
지만 한국 사회에서는 개신교의 영향력이 매우 막강하기 때문에 정치인들에게
쉽지 않은 문제"라며 "보편적인 인권의 개념을 동성애자까지 확대시키는 것은
시민단체의 역할에 달렸다"고 강조했다.

또한 국가인권위원회 역시 위원이 100% 참여연대출신으로 국가인권위원회법 제2조 3호에 '성적지향에 의한 차별금지'를 규정해서 동성애를 적극 옹호합니다. 동 규정을 근거로 국가인권위원회는 '인권보도준칙'이라는 것을 만들어서 동성애의 문제점이나 폐해에 대해서는 언론이나 방송에 나가지 못하도록 언론을 통제하고 다른 국가기관이 동성애를 옹호하도록 간섭하고 있습니다.

이들은 또한 가족제도를 자본주의의 억압의 산물로 간주하여 이를 붕괴시키기 위해서 '간통죄 폐지'를 강행했습니다.

민노당, 구 통합진보당의 강령과 공약에서도 성정치 이론을 강조하고 있으며, 종북성향 당 내에는 친동성애위원회가 구성되어 있으며, 2012년 6월 12일자 노동자연대신문에 "자본주의 가족제도에 의문을 제기하라"고 주장하고 있습니다.

또한 이들은 기독교 근본주의를 굉장히 혐오합니다. 그리하여 기독교 근본주의에 대한 대응책으로 "성경을 다르게 해석하는 입장을 적극적으로 제시하고 논쟁하면서, 종교적 두려움과 사명감을 다른 방향으로 이끄는 방법으로 대응하라"고 비진리를 앞세우도록 지시합니다. 성경을 다르게 해석하는 자유주의 신학자, 자유주의 목사님들은 현재 신학교에서, 사회에서 적극적으로 동성애 옹호활동을 하고 있으며, 성경을 다르게 해석하여 동성애를 옹호하고 있습니다. 신학생들 역시 보수주의 신학교에서 동성애 옹호 동아리를 결성하고, 기자회견을 한 바 있습니다.

3. 결론

한국 내에서 '막시즘(Marxism)' 좌파, '네오 막시즘(Neo-Marxism)' 신좌파는 자신들의 법적인 지위를 확보하기 위해서 차별금지법[11]을 무려 5번이나 국민들 몰래 국회에서 통과시키고자 했습니다. 즉 이들은 자신들은 '사상 또는 정치적 의견'이 다른 소수자이므로 소수자인 자신들이 주장하는 사회주의 사상, 좌파운동, 신좌파 운동을 소수자 인권보호로서 최우선적으로 보장하는 새로운 세계의 법질서를 세우고자 하는 것입니다. 그 법이 바로 차별금지법입니다.

그 방법론에 있어서 동성애자들을 앞세우고 있을 뿐이며 이들이 궁극적으로 추구하는 것은 이들이 추종하는 마르크스의 국가소멸론, 종교소멸론에 입각하여 자유민주주의 자

---

11) 차별금지법은 2003년부터 국가인권위원회가 준비하였고, 1차로 노무현 정권 말기 2007년 (17대국회에서 차별금지법안(의안번호178162, 노회찬의원 대표발의))입법예고,. 2차로 2010년 18대 국회에서도 차별금지법안(의안번호 1814001, 권영길의원 대표발의)을 발의. 특히 2010년에는 SBS드라마 인생은 아름다워에서 동성애를 매우 아름다운 것으로 노골적으로 표현하여, 이 드라마를 계기로 동성애가 사회문제로 폭발적으로 일어나게 되었습니다. 3차로 19대 국회에서는 2012년11월06일 통합진보당 6명, 민주통합당 4명 즉 이석기 진선미 정하나 의원등이 발의하였고(2016년2월 현재 유지), 2013년02월12일 민주통합당 51명 발의(폐기), 2013년02월20일 민주통합당 11명, 진보정의당 1명이 발의(폐기)

본주의 국가질서를 흔들고, 기독교를 말살시키고자 하는 것입니다.

하나님의 나라는 현존하는 실재로서 현재 피조세계에 임하여 있습니다. 따라서 현재 임해있는 하나님 나라를 지키고 확장하기 위해서는 하나님이 주신 왕권(롬5:17)을 가지고, 예수그리스도의 보혈의 피 권세에 의지하여 이러한 악한 세력들과 싸워 승리해야 할 것입니다. 소중한 것을 지키기 위해, 진리를 세우기 위해 논쟁을 시작해 주시고, 이 논쟁의 중심에 여러분들이 서 주시길 부탁드립니다.

한국 내에서 '막시즘(Marxism)' 좌파, '네오 막시즘(Neo-Marxism)' 신좌파는 자신들의 법적인 지위를 확보하기 위해서 차별금지법을 무려 5번이나 국민들 몰래 국회에서 통과시키고자 했습니다. 즉 이들은 자신들은 '사상 또는 정치적 의견'이 다른 소수자이므로 소수자인 자신들이 주장하는 사회주의 사상, 좌파운동, 신좌파 운동을 소수자 인권보호로서 최우선적으로 보장하는 새로운 세계의 법질서를 세우고자 하는 것입니다. 그 법이 바로 차별금지법입니다.

참고문헌

1. 송정민 저, 「아멘Ⅱ」, (영성, 2004)

2. 서철원 저, 「신앙과 학문」, (기독교문서선교회,1988)

3. 김의환 편역, 「개혁주의 신앙고백집」, (서울 : 생명의말씀사, 1989)

4. 이재규 저, 「역사에서 경영을 만나다」, (사과나무두란노 2008)

5. 송정민 저, 「아멘 Ⅰ」, (생명의말씀사 2002)

6. 재레드 다이아몬드 저, 김진준 역, 「총, 균, 쇠」, (문학사상사 2009)

7. 마이클 샌델 저, 김선욱 외 5명 역, 「공동체주의와 공공성」, (철학과현실사, 2008)

8. 존 비비어 저, 유정희 역, 「무엇이 선인가」 (두란노 2015)

9. 마이클샌델 저, 안진환, 이수경 역, 「왜 도덕인가?」, (한국경제신문, 2012)

10. 김혜숙, 남정숙 저, 「웨스터민스터 신앙고백」, (생명의말씀사, 1983)

11. 손철성. 「허버트 마르쿠제 마르크스와 프로이트를 결합시키다」, (살림, 2005), p.21 참조.

12. H. Marcuse, 차인석 옮김, 「1차원적 인간」, (삼성출판사, 1989)

13. H. Marcuse, 김인환 역, 「에로스와 문명」, (나남출판사, 1999)

14. 2016. 02. 16 「국민일보」(소강석 꽃씨 칼럼)

15. 2015. 03. 06 「동아일보」 A21. 헌재가 인정한 〈성적자기 결정권〉은 성매매 합법화 근거이기도 하다

16. 2013. 03. 21 「한호일보」(한상대칼럼), 신마르크스주의

17. 「The SanFrancisco Examiner」의 2014년 10월 12일자 기사(Seoul Mayor park Won–soon wants same–sex marriage in Korea as first in Asia

박서영 법무사 강연 시리즈 (I)

동성애의 사상적 기반

2쇄 발행 : 2016년 12월 20일

지은이 **박서영**
펴낸이 **유성헌**
펴낸곳 **하야Book**
책임편집 **전민주**
교정교열 **최은혜, 유한나, 조신규**
디자인 **이현종**
시각디자인 **박예슬, 이지혜**

주소 서울 양천구 신월7동 995-7번지 302호
주문 및 문의 전화 070-8748-4435, 010-2811-4435
팩스 02-2065-6151
하야Book 계열사 : 하야방송 www.ichn.or.kr

출판 등록일
ISBN 978-89-968031-7-1

하야Book은 문서사역을 통해 하나님의 나라를 확장하고 복음전파를 통해 하나님 말씀으로 사람을 살리는 일을 하고자 설립된 출판사입니다.
하야(Chayah)의 뜻은 히브리어로 '살다, 회복시키다, 구원하다, 소생하다, 부흥하다'의 의미가 있습니다.

국립중앙도서관 출판예정도서목록(CIP)

동성애의 사상적 기반 / 지은이: 박서영. - [서울] : 하야B
104p, 148 x 210mm. - (박서영 법무사 강연 시리즈 ; 1)

ISBN 978-89-968031-7-1 03230 : ₩8000

동성애[同性愛]
기독교[基督敎]

234.177-KDC6
241.66-DDC23   CIP2016029377